36
땅을 돌보지 않는 데메테르

주니어 RHK

신화의 가치

신화는 한 민족의 기원이나 역사적 · 종교적 · 문화적 삶의 모습을 보여 주는 옛이야기입니다. 주로 신과 영웅에 관한 이야기가 많고, 오랫동안 입에서 입으로 전해 내려왔다는 특징이 있지요.

우리가 살펴볼 그리스 로마 신화는 고대 그리스와 로마에 전해 오는 신화와 전설을 한데 묶은 것입니다. 그리스 로마 신화는 고대의 삶을 엿보게 해 주는 문화유산일 뿐만 아니라, 세계 여러 나라의 문학과 미술에 큰 영향을 끼쳤습니다. 하지만 문화적 가치만큼이나 중요한 것이 또 있습니다. 오래된 옛이야기이면서도 거기에 담긴 교훈적 가치가 오늘날에도 여전히 쓸모 있고 중요하다는 사실입니다.

놀랍지 않나요? 수천 년 전의 이야기가 어떻게 과학 문명이 고도로 발달한 오늘날에도 통하는 것일까요? 그것은 바로 그리스 로마 신화에 나오는 신과 영웅의 모습이 오늘날 우리의 모습과 다르지 않기 때문입니다. 신들도 우리처럼 분노하고, 질투하고, 실수를 하지요. 그런 모습을 보면서 우리는 깔깔 웃거나 눈물을 흘리고, 교훈과 감동을 얻습니다. 우리가 그리스 로마 신화를 읽어야 하는 까닭이 바로 이것입니다.

신화의 세계로 떠날 여러분에게 한마디 덧붙이자면, 신화는 우리에게 끝없는 상상력을 요구한다는 점입니다. 신화 속에는 수많은 은유와 상징이 곳곳에 널려 있지요. 따라서 신화를 읽을 때에는 상상력을 최대한 발휘하여 신화 속에 숨겨진 의미를 찾고, 그것을 자기 나름대로 재해석하는 과정이 필요합니다. 이렇게 읽었을 때에야 비로소 여러분 앞에 놀라운 삶의 이야기가 펼쳐질 것입니다.

자, 그럼 흥미진진한 신화의 세계 속으로 함께 떠나 볼까요?

하데스에게 납치되어 지하 세계로 끌려간 페르세포네.
데메테르는 사라진 딸을 찾아 온 세상을 헤매고 다닙니다.
한 번 들어가면 결코 나올 수 없다는 지하 세계에서
과연 페르세포네는 무사히 빠져나올 수 있을까요?
그리고 데메테르는 사랑하는 딸을 다시 볼 수 있을까요?

주요 등장인물

⚜ 하데스 ⚜

죽은 자들이 사는 지하 세계를 다스리는 신이에요. 어느 날 우연히 땅 위로 올라왔다가 페르세포네의 아름다움에 반해 그녀를 지하 세계로 납치해 가요. 페르세포네를 자기 곁에 붙잡아 두려고 석류를 먹여요.

⚜ 페르세포네 ⚜

데메테르의 딸로, 하데스에게 납치당해 그와 결혼하고 지하 세계의 여왕이 돼요. 하데스가 건넨 석류를 먹고 땅 위로 돌아가 사는 대신 일 년의 반을 지하 세계에서 지내게 돼요.

⚜ 아레투사 ⚜

숲의 님프로, 데메테르가 땅에 저주를 내리자 님프들을 대표해서 데메테르를 찾아가요. 데메테르에게 페르세포네가 지하 세계에 있다는 것을 알려 주지요.

⚜ 데메테르 ⚜

대지와 곡물, 농업의 여신으로, 인간들로부터 많은 존경을 받아요. 하지만 사랑하는 딸 페르세포네를 잃고 절망에 빠져요. 그러자 세상의 모든 곡식이 말라 죽어서 인간들까지 큰 피해를 입어요.

1
데메테르의 분노

데메테르가 저주를 퍼붓자
땅은 순식간에 메마르기 시작했습니다.
기름지던 땅이 점점 말라 가자,
사람들은 농사를 지을 수가 없었습니다.

"다시 퀴아네 강으로 돌아왔구나. 정녕 내 딸은 찾을 수 없단 말인가!"

데메테르는 *절망에 빠져 주저앉았습니다. 소중한 딸을 잃은 슬픔에 가슴이 무너져 내리는 것 같았습니다. 데메테르의 볼에서는 하염없이 눈물이 흘러내렸습니다. 그런 데메테르를 바라보는 퀴아네 강의 신은 마음이 아팠습니다.

퀴아네 강의 신은 하데스가 페르세포네를 데려가는 모습을 보았기 때문에 페르세포네가 어디에 있는지 누구보다 잘 알고 있었습니다. 하지만 함부로 데메테르에게 페르세포네의 이야기를

*절망 바라볼 것이 없게 되어 모든 희망을 끊어 버림. 또는 그런 상태.

들려주었다가는, 하데스에게 어떤 무서운 일을 당할지 알 수 없었습니다. 그래서 아무 말도 못하고 안타깝게 데메테르를 바라보기만 했습니다.

'가여운 데메테르……. 내가 페르세포네가 어디 있는지 알려 주기만 하면 되는데……. 하지만 그랬다가는 내 목숨이 천 갈래로 갈라져 저 어두운 지하 세계, 타르타로스에 떨어져 버릴 거야. 그럼 이

강도 바짝 말라 버리겠지. 아, 어쩌면 좋을까.'

강의 신은 고민에 빠졌습니다. 그때 좋은 생각이 떠올랐습니다.

'그래, 페르세포네의 머리 장식이 있었지!'

강의 신은 페르세포네가 지하 세계로 끌려갈 때 흘린 머리 장식이 떠올랐습니다. 그동안 그 머리 장식을 고이 간직하고 있었습니다. 강의 신은 머리 장식을 강물에 실어 데메테르가 있는 쪽으로 조용히 흘려보냈습니다.

“아니, 이 머리 장식은 내 딸 페르세포네의 것이 아닌가?”

데메테르는 깜짝 놀라며 머리 장식을 건져 올렸습니다. 아무리 봐도 그것은 사랑하는 딸 페르세포네의 것이 틀림없었습니다.

“설마, 내 딸이 죽었단 말인가!”

데메테르는 페르세포네가 죽었을지도 모른다는 두려움에 빠졌습니다.

‘아니에요, 데메테르, 페르세포네는 무사해요. 단지 우연히 떨어뜨린 것뿐이에요! 페르세포네가 간 길은 이쪽이라고요!’

멀리서 데메테르를 지켜보던 강의 신은 데메테르에게 사실을 말해 주고 싶은 마음이 굴뚝 같았습니다. 하지만 무시무시한 하데스를 생각하니 그럴 수가 없었습니다.

머리 장식을 쥔 데메테르의 얼굴에서 핏기가 가셨습니다. 온몸을 부들부들 떨며 찢어질 듯한 목소리로 외쳤습니다.

“오, 맙소사! 내 딸이 죽다니! 사랑하는 내 딸이 죽다니…….”

데메테르는 말을 잇지 못하고, 두 손으로 가슴을 쥐어뜯으며 울부짖었습니다.

“이 *배은망덕한 땅아, 내 사랑하는 딸이 죽었는데 어찌 여태껏 모른 척하고 있었느냐! 내 딸이 죽어 갈 때 너희는 무얼 하고 있었느냐! 내 지금까지 너를 기름지게 해 주고, 싱싱한 풀과 나무가 자라도록 해 주었는데 어찌 나를 배신하느냐! 땅에서 열매를 맺는 모든 것들아, 너희 모두가 내 은혜를 배신으로 보답하다니!”

데메테르는 땅을 향해 온갖 저주를 퍼부었습니다.

“내 너희를 결코 용서하지 않을 것이다. 다시는 맛있는 열매를 맺지 못 할 것이고, 씨앗을 풍족하게 만들지 못할 것이다!”

데메테르의 노한 목소리가 사방으로 울려 퍼졌습니다.

*배은망덕 남에게 입은 은혜를 저버리고 배신하는 태도가 있음.

인자한 데메테르

〈데메테르〉 작가 미상

데메테르는 주로 곡물 이삭으로 된 관을 쓰고 손에는 보리이삭을 든 모습으로 그려져요. 이 조각상에서는 부드럽고 인자한 어머니의 모습을 한 데메테르를 볼 수 있어요. 원래는 이렇게 온화하고 인자한 여신이지만, 딸을 잃은 슬픔은 데메테르를 무섭게 바꾸어 놓아요.

데메테르가 저주를 퍼붓자 땅은 순식간에 메마르기 시작했습니다. 기름지던 땅이 점점 말라가자, 사람들은 농사를 지을 수가 없었습니다.

"이게 무슨 일이지? 땅이 굳어서 갈라지고 있어!"

사람들은 당황해서 어찌할 바를 몰랐습니다. 한참 노랗게 익어가던 곡식들은 순식간에 쪼그라들었습니다. 달콤한 과일들은 푸석푸석해지고 썩어 갔습니다. 씨앗에서는 더 이상 싹이 트지 않았고, 마침내 땅에는 아무것도 자라지 않게 되었습니다.

농업의 여신으로 그동안 정성 들여 땅을 돌보고 곡식을 가꿔

온 데메테르였지만, 페르세포네를 잃은 슬픔에 이제 땅이 어떻게 되든 전혀 신경 쓰지 않았습니다.

데메테르는 땅뿐 아니라 올림포스의 신들도 미워하기 시작했습니다.

'내 딸이 죽어 가는 동안 아무도 도와주지 않았다니……. 평소 페르세포네를 귀여워하던 제우스와 포세이돈, 그 누구도 페르세포네를 보살펴 주지 않았어. 모두 다 *원망스러워.'

슬픔과 분노에 빠진 데메테르는 아무도 만나지 않았습니다. 그러는 동안

*원망스럽다 못마땅하게 여겨 탓하거나 불평하고 싶은 마음이 있다.
*황폐하다 땅이 거칠어져 못 쓰게 되다.

땅은 긴 가뭄으로 점점 *황폐해졌고, 어떤 날은 갑자기 쏟아진 비로 홍수가 나기도 했습니다.

땅에서 아무것도 자라지 않자 가축들도 하나둘 죽어 갔습니다. 먹을 것이 사라졌기 때문입니다. 신에게 바칠 음식은커녕 사람들이 먹을 음식도 구하기가 힘들어졌지요. 사람들은 두려움에 떨며 올림포스의 신들에게 도움을 청했습니다.

“아니, 이게 도대체 무슨 일이지?”

올림포스의 신들은 그제야 인간 세상에 어떤 일이 생겼는지 알게 되었습니다.

데메테르가 땅을 돌보지 않아서 괴로운 것은 땅 위의 님프들도 마찬가지였습니다. 땅이 마르자 샘도 같이 마르기 시작했고, 님프들은 목이 말라 견딜 수가 없었습니다. 결국 샘의 요정 아레투사가 데메테르를 찾아가 보기로 했습니다.

2
뜻밖의 소식

"땅은 어쩔 수 없이 따님이 지나가는 길을 열어 주었을 뿐입니다.
땅을 더 이상 나무라지 말아 주세요.
따님은 살아 있습니다. 제가 두 눈으로 똑똑히 보았거든요."

아레투사는 데메테르를 찾아가 간절히 부탁했습니다.

"여신이여, 부디 땅을 향한 분노를 거두어 주세요."

데메테르는 냉정한 얼굴로 아레투사를 쳐다보았습니다.

"넌 누구냐?"

"전 샘의 님프 아레투사라고 합니다. 땅은 어쩔 수 없이 따님이 지나가는 길을 열어 주었을 뿐입니다. 땅을 더 이상 *나무라지 말아 주세요. 따님은 살아 있습니다. 제가 두 눈으로 똑똑히 보았거든요."

데메테르는 아레투사의 말에 깜짝 놀랐습니다.

*나무라다 잘못을 꾸짖어 알아듣게 말하다.

“뭐! 내 딸을 보았다고? 대체 언제, 어디에서 본 거냐?”
흥분한 데메테르가 다그쳤습니다.
“지금부터 차근차근 말씀 드릴 테니, 진정하세요.”
아레투사는 *차분한 목소리로 이야기를 시작했습니다.

*차분하다 마음이 가라앉아 조용하다.

“제가 태어난 고향은 알레스로, 저는 본디 숲의 님프였습니다. 모두 저의 아름다움을 칭찬했지만 저는 오직 사냥하는 일만 즐겼지요. 어느 날, 사슴을 쫓다 들어선 숲에서 저는 조용히 흐르는 강을 보았습니다. 저는 맑고 깨끗한 강물에 뛰어들었지요. 그런데 문득 이상한 소리가 들려왔습니다. 바로 강의 신 알페이오스가 저를 잡으려고 하는 소리였지요. 알페이오스는 도망치는 저를 쫓아 왔습니다. 금방이라도 잡힐 것 같았습니다.

저는 있는 힘을 다해 사냥의 신 아르테미스 님께 도움을 청했습니다. 아르테미스 님은 두꺼운 구름으로 저를 숨겨 주셨지요. 하지만 얼마나 무서웠던지 제 몸은 온통 땀으로 범벅이 되었고, 머리카락은 물방울이 되어 흐르기 시작했습니다. 저는 순식간에

작은 샘이 되고 말았지요."

아레투사는 그때의 일을 떠올리며 두려움에 바들바들 떨었습니다.

신화 속 요정, 님프

그리스 신화에 나오는 요정들을 가리켜 '님프'라고 해요. 고대 사람들은 신들 외에도 여러 자연물 속에 님프가 깃들어 있다고 믿었어요. 산에는 오레아데스, 물에는 오케아니데스, 나무에는 드리아데스 등 어떤 자연물에 깃들어 있느냐에 따라 이름도 각기 달랐지요. 님프는 인간보다는 아주 오래 살지만, 신처럼 영원히 살 수는 없었어요. 이 이야기에 나오는 아레투사는 숲에 깃든 님프로, 그 이름은 '물을 뿌리는 자'라는 뜻이에요.

"그러나 알페이오스는 멈추지 않고 제게 다가왔습니다. 그러자 아르테미스 님은 땅을 두 쪽으로 갈랐습니다. 저는 아르테미스 님이 갈라놓은 땅속으로 흘러들었지요. 그렇게 해서 저는 지하 세계로 들어갔고, 거기서 따님인 페르세포네 님을 보게 된 것입니다."

아레투사의 이야기를 듣고 있던 데메테르는 눈이 번쩍 뜨였습니다.

"네가 본 아이가 정말 내 딸 페르세포네가 맞더냐!"

"그렇습니다. 데메테르 님. 제가 똑똑히 보았는걸요. 그 무서운

케르베로스도 페르세포네 님 앞에서 아주 *고분고분하고 귀엽게 굴었습니다. 제가 보기에 페르세포네 님은 지하 세계를 다스리는 하데스 님의 신부가 되신 것 같았습니다."

"아, 페르세포네가 살아 있었구나!"

데메테르는 기뻐서 어쩔 줄 몰랐습니다.

*고분고분하다 말이나 행동이 공손하고 부드럽다.

"고맙다, 아레투사. 정말 고맙다. 그런데 하데스의 신부라고? 어떻게 그런 일이 일어났단 말이냐! 당장 제우스에게 가서 따져야겠다."

데메테르는 분노가 치밀어 올라 올림포스 신전으로 향했습니다.

3
데메테르와 제우스의 협상

'이것 참 큰일이군. 무슨 수를 써야겠어.'

고민하던 제우스는 하데스에게

헤르메스를 보내야겠다고 생각했습니다.

"제우스! 당신도 그 사실을 알고 있었나요?"
데메테르는 제우스에게 가서 다짜고짜 따졌습니다.

"데메테르, 안 그래도 당신을 한번 보려고 했소. 대체 인간들이 사는 땅이 왜 저 지경이 된 것이오?"

"제우스, 지금 중요한 건 그게 아니에요. 내 딸 페르세포네가 하데스에게 납치를 당했어요. 그 귀여운 아이가 하데스에게 끌려간 채 아직도 지하 세계에 갇혀 있단 말이에요!"

데메테르는 마구 소리를 질렀습니다.

"데메테르, 부디 진정하시오. 나는 그런 일이 생긴 줄 몰랐소. 하데스는 내 동생이긴 하지만 내 형이기도 하오. 내가 함부로 이

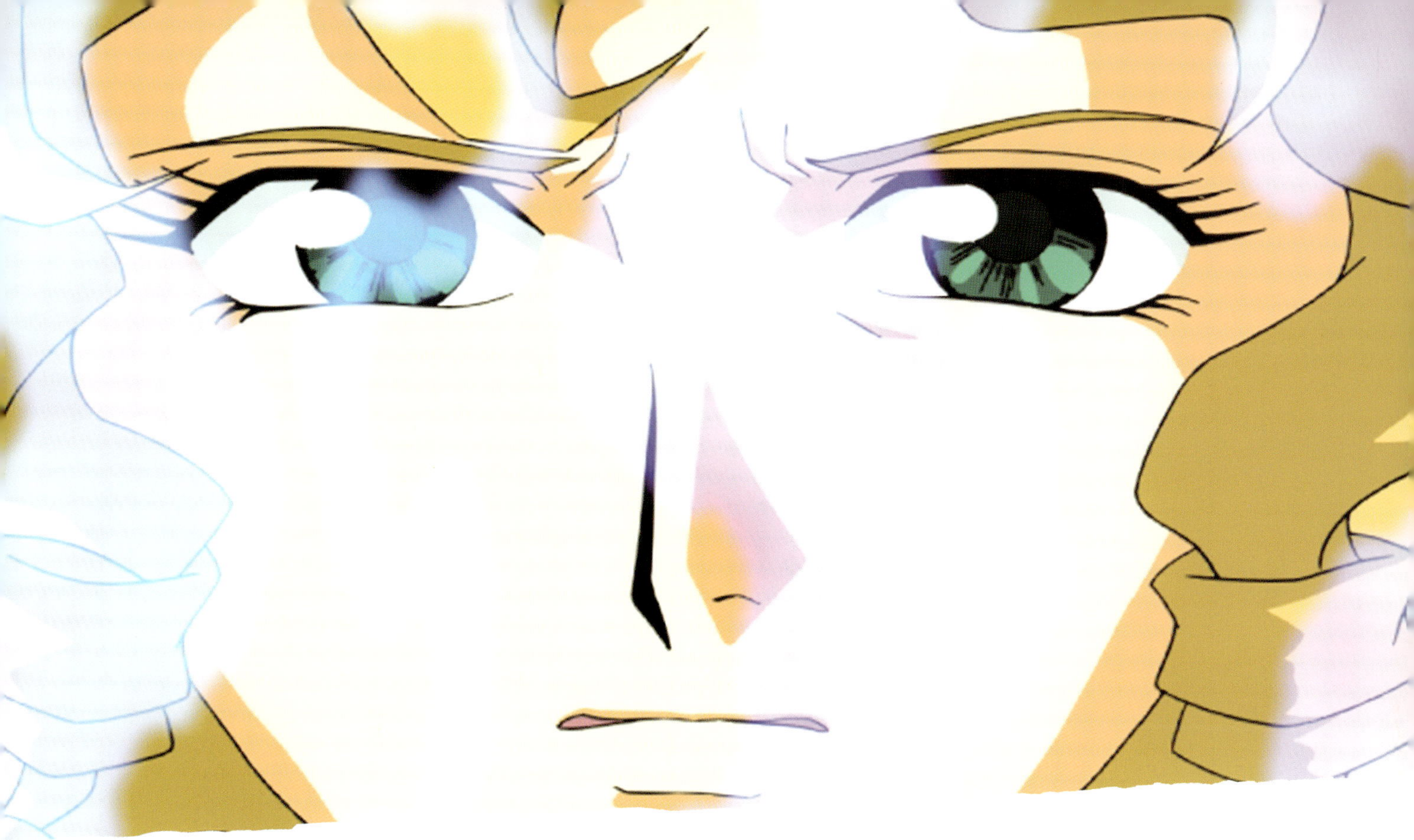

래라저래라 하지 못 함을 이해해 주시오. 지하 세계에서 혼자 쓸쓸히 지내 온 하데스를 위해 이참에 둘이 잘 될 수 있게 도와주는 것은 어떻겠소?"

제우스는 길길이 뛰는 데메테르를 살살 달랬습니다.

"뭐가 어째요? 당신 미쳤군요!"

제우스의 말에 데메테르는 화가 머리끝까지 뻗쳤습니다.

“내 딸을 지하 세계에 가둬 두라고? 절대 안 되지! 내 딸을 돌려주지 않으면 세상 모든 것이 말라 죽을 때까지 나는 꼼짝도 하지 않을 거예요.”

데메테르는 제우스를 무섭게 노려보았습니다. 데메테르는 결코 포기할 것 같지 않았습니다.

‘이것 참 큰일이군. 무슨 수를 써야겠어.’

고민하던 제우스는 하데스에게 헤르메스를 보내야겠다고 생각했습니다.

"좋아, 이렇게 합시다. 헤르메스를 하데스에게 보내겠소. 당신의 뜻을 충분히 전달하리다. 단, 조건이 있소. 만약 페르세포네가 지하 세계의 음식을 한 입이라도 먹었다면 이 세상으로 돌아오는 건 불가능하오. 이건 나도 어쩔 수 없는 지하 세계의 *법칙이오."

*법칙 반드시 지켜야 하는 규칙.

"좋아요, 내 딸을 구할 수만 있다면 무슨 일이든 해야죠! 당장 헤르메스를 보내도록 해요!"

데메테르는 제우스의 말에 따르기로 했습니다. 제우스는 헤르메스를 불렀습니다.

4
석류 한 알로 바뀐 운명

"페르세포네, 헤르메스와 함께 땅 위에 다녀와도 좋소."

"아아, 정말요? 하데스 님, 정말 고마워요!"

페르세포네는 밝은 태양을 볼 수 있다는 사실에 들떴습니다.

그런 페르세포네에게 하데스는 석류를 건넸습니다.

"헤르메스! 네가 웬일이냐?"

하데스는 지하 세계에 몇 번 찾아온 적이 있는 헤르메스를 반갑게 맞았습니다. 헤르메스는 제우스와 데메테르가 한 말, 그리고 땅 위에서 벌어진 일을 빠뜨리지 않고 전했습니다.

헤르메스의 이야기를 듣고 하데스는 점점 얼굴이 굳어졌습니다. 하데스는 페르세포네 없이는 단 하루도 견딜 수 없었습니다. 이제 와서 페르세포네를 돌려보낸다는 것은 상상도 할 수 없는 일이었지요.

그러나 땅 위에 그런 일이 벌어졌다니 그냥 넘길 수도 없었습

니다. 데메테르의 저주 때문에 수많은 인간과 님프들이 고통을 받고 있었습니다. 자칫 결정을 잘못 내렸다가는 제우스와 큰 싸움이 벌어질 수도 있었습니다.

그때 하데스에게 좋은 생각이 떠올랐습니다.

하데스는 헤르메스를 보며 말했습니다.

"헤르메스. 여기서 잠깐 기다리게."

하데스는 페르세포네에게 갔습니다. 헤르메스가 왔다는 소식을 들은 페르세포네는 혹시라도 어머니에게 돌아갈 수 있을지 모른다는 생각에 기뻐하고 있었습니다.

"페르세포네, 헤르메스와 함께 땅 위에 다녀와도 좋소."

"아아, 정말요? 하데스 님, 정말 고마워요!"

페르세포네는 밝은 태양을 볼 수 있다는 사실에 들떴습니다. 그런 페르세포네에게 하데스는 *석류를 건넸습니다.

*석류 씨를 둘러싼 붉고 투명한 알갱이를 가진 열매.

“페르세포네, 이곳에 와서는 슬픔에 빠져 통 먹지를 않았으니 기운이 없을 것이오. 이거라도 조금 먹고 가시오.”

페르세포네는 기쁜 마음으로 석류를 받아 작은 알갱이 하나를 입에 넣었습니다.

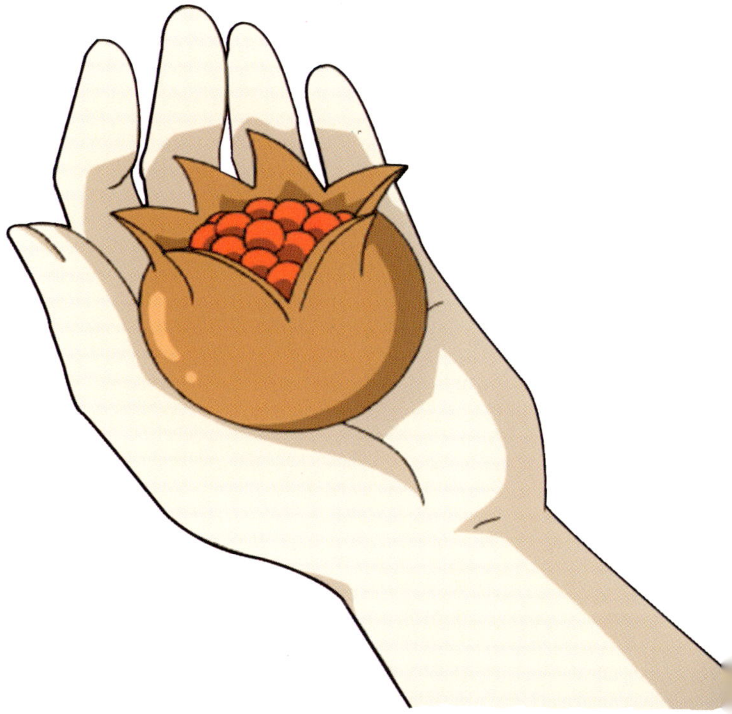

잠시 뒤, 헤르메스는 페르세포네를 데리고 하데스의 궁전을 나왔습니다.

"페르세포네, 이제 땅 위로 올라갈 거예요. 그런데 확인할 것이 있어요. 혹시 지하 세계에서 무언가를 먹은 적이 있나요?"

"아뇨, 너무 슬퍼서 아무것도 먹고 싶지 않았어요."

페르세포네는 대답을 하다가 문득 하데스가 건넨 석류가 생각났습니다.

"아, 조금 전에 석류 한 알을 먹긴 했어요."

페르세포네와 석류

〈페르세포네〉 단테이게이브리얼 로세티

이 그림은 화가 로세티가 사랑하는 여인을 모델로 해서 그린 페르세포네의 모습이에요. 석류를 든 채 근심스러운 표정을 짓고 있는 페르세포네가 보여요. 석류를 든 손을 붙잡는 다른 한 손은 마치 그것을 먹지 말라고 말리는 것처럼 보여요. 하데스는 이 석류 한 알로 사랑하는 페르세포네를 곁에 두는 데 성공한답니다.

“뭐라고요? 맙소사! 지하 세계의 음식을 먹으면 땅 위로 돌아갈 수 없어요! 그건 데메테르 님도 받아들인 제우스 님과의 약속이에요. 이런, 전 당신을 구할 수 없게 되었어요.”

헤르메스는 한숨을 쉬며 슬픈 눈으로 말했습니다.

“말도 안 돼요. 헤르메스 님, 제가 먹은 건 고작 작은 석류 한 알이에요. 그것 말고는 아무것도 먹지 않았다고요! 제발 절 데려가 주세요!”

하지만 헤르메스는 울먹이는 페르세포네를 뒤로 하고, 혼자 올림포스로 돌아갈 수밖에 없었습니다.

5
제우스의 판결

"내게 좋은 생각이 있소. 페르세포네가 먹은 것은
고작 석류 한 알이오. 음식이라고 보기 어렵지.
게다가 그대가 너무나 슬퍼하니, 내가 하데스와 담판을 짓겠소."

헤르메스는 제우스와 데메테르에게 지하 세계에서 있었던 일을 들려주었습니다. 이야기를 들은 데메테르는 큰 슬픔에 빠졌습니다.

"아아, 페르세포네. 불쌍한 내 딸……."

올림포스의 다른 신들도 안타까운 눈으로 데메테르를 바라보았습니다. 고민하던 제우스가 마침내 입을 열었습니다.

"데메테르, 내게 좋은 생각이 있소. 페르세포네가 먹은 것은 고작 석류 한 알이오. 음식이라고 보기 어렵지. 게다가 그대가 너무나 슬퍼하니, 내가 하데스와 *담판을 짓겠소. 페르세포네가 한 해의 절반인 여섯 달은 당신과, 나머지 여섯 달은 하데스와 지내면 어떻소?"

제우스의 말에 데메테르는 눈물을 거두었습니다. 그런 데메테르에게 제우스는 힘주어 말했습니다.

"하지만 당신도 땅에 내린 저주를 꼭 풀어 주어야 하오."

"물론이에요, 제우스."

*담판 서로 맞선 관계에 있는 양쪽이 의논하여 옳고 그름을 판단함.

데메테르와 페르세포네의 만남

〈돌아온 페르세포네〉 프레더릭 레이턴

제우스의 지혜로운 판결 덕분에 페르세포네는 어머니 데메테르의 품으로 돌아올 수 있었어요. 이 그림은 데메테르가 그토록 기다리던 페르세포네를 두 팔 벌려 맞이하는 장면이에요. 데메테르를 향해 곧게 뻗은 페르세포네의 팔에서는 어머니에 대한 간절한 그리움이 느껴지는 듯해요. 페르세포네 옆에는 지팡이를 든 헤르메스의 모습도 보여요.

데메테르는 제우스에게 약속했습니다. 다시는 못 볼 줄 알았던 딸을 한 해의 절반이라도 볼 수 있게 된 데메테르의 기쁨은 이루 말할 수 없었습니다. 지하 세계에 있는 하데스도 제우스의 판결을 순순히 받아들였습니다.

'페르세포네와 일 년 내내 함께 있고 싶지만 어쩔 수 없지. 그래도 웃음을 되찾은 페르세포네를 보니 기분이 좋군.'

페르세포네는 처음에 왔을 때보다 지하 세계에 많이 익숙해져 있었습니다. 게다가 이제 한 해의 절반은 땅 위로 올라가 어머니를 만날 수 있다는 생각에 *생기 있는 모습을 되찾았습니다.

지하 세계의 왕비로 살게 된 페르세포네

페르세포네도 제우스의 판결을 받아들이고, 한 해의 절반은 하데스의 아내이자 지하 세계의 왕비로 잘 지냈어요. 다행히 페르세포네는 더 이상 슬퍼하지 않고 하데스와 함께 죽은 자들을 잘 다스리며 살았다고 해요.

*생기 싱싱하고 힘찬 기운.

데메테르는 땅에 내렸던 저주를 풀었습니다. 땅에는 다시 맑은 샘물이 흐르고, 씨앗에서 싹이 돋아났습니다. 풀과 나무들이 쑥쑥 자라더니, 곡식이 영글고 열매가 맺혔습니다. 땅은 다시 풍요로운 모습을 되찾았습니다. 인간들은 데메테르 여신과 올림포스의 신들에게 감사의 제사를 올렸습니다.

"이것 봐, 아레투사! 데메테르 님이 화를 푸셨어. 네 덕분이야!"

님프들도 모두 함께 기뻐했습니다.

하지만 데메테르가 완전히 화를 푼 것은 아니었습니다. 비록 딸을 다시 볼 수 있게 되었지만, 자신의 딸을 지켜 주지 않은 신들에게 서운함이 남아 있었던 것입니다. 데메테르는 그 뒤 두 번 다시 올림포스를 찾지 않았습니다. 데메테르는 땅을 기름지게 하고 사람들에게 농사일을 가르치는 데만 힘쓰며 지냈습니다.

데메테르는 페르세포네와 함께 지내는 일 년의 여섯 달은 행복하게 보냈습니다. 하지만 딸이 없는 나머지 여섯 달에는 조금 기운을 잃었습니다. 그녀는 페르세포네를 다시 보게 될 날을 손꼽아 기다리며 아쉬운 마음을 달랬답니다.

데메테르와 계절의 변화

페르세포네가 데메테르와 함께 머무는 반년 동안에는 데메테르가 기쁨에 차 있어서, 땅이 온통 꽃과 열매로 뒤덮여요. 하지만 페르세포네가 지하 세계에서 생활하는 반년 동안에는 슬픔에 잠긴 데메테르가 땅을 돌보지 않아 찬 바람이 불고 눈이 내리지요. 이로써 여름과 겨울이 생기고, 계절이 나뉘었다고 해요. 또 페르세포네의 이름에는 씨앗이라는 뜻도 있어서, 페르세포네가 지하에 머무는 기간은 씨앗이 땅속에서 잠자는 시기, 페르세포네가 땅 위에 머무는 기간은 씨앗이 싹터 열매를 맺는 시기라고도 해요.

신화 OLYMPUS GUARDIAN 뒷이야기

제우스의 지혜로운 판결에 따라 데메테르는 일 년의 반은 페르세포네와 지낼 수 있게 되었습니다. 이 때문에 춥고 황량한 겨울과 녹음이 우거진 푸른 여름을 포함한 사계절이 생겨났다고 합니다.

예로부터 인간에게 자연 현상이란 무척 두려운 것이었습니다. 과학이 발달하지 않았던 먼 옛날에는 자연 현상처럼 이해하기 힘든 현상은 신들의 영역이라고 생각했습니다. 지진과 화산이 일어나는 것은 신들과의 전쟁에서 진 거인족이 땅 밑에서 움찔대기 때문이고, 하늘에서 천둥과 번개가 치는 것은 제우스와 그의 아내 헤라가 싸우기 때문이라고 여겼습니다. 사람들은 이처럼 많은 자연 현상의 원인을 신화와 연결 지으며 자연에 대한 두려움을 떨치려 했습니다. 이렇게 해서 탄생한 신화를 '기원 설화'라고 합니다.

하지만 점차 과학이 발달함에 따라 자연 현상의 원인도 과학적으로 밝혀지고 있습니다. 이제는 사람들도 과학 이론에 근거해 자연 현상을 이해합니다. 과학의 바탕에는 '왜?'라는 질문이 있습니다. "왜 지진이 일어나는 것일까?" 그 질문에 대한 답이 시간이 흐르면서 '신화'에서 '과학'으로 바뀐 것입니다.

변하지 않는 것은 바로 '왜?'라는 인간 공통의 질문입니다. 몇 천 년 전에도 사람들은 변화하는 사계절을 보며 '왜?'라는 질문을 떠올렸기 때문에 데메테르와 페르세포네, 그리고 하데스의 이야기가 탄생한 것입니다. 이처럼 신화의 바탕에는 예나 지금이나 변함없는 인간의 그칠 줄 모르는 호기심이 깔려 있습니다.

올림포스 신들의 계보

크로노스 + 레아
하데스
지하 세계의 왕
포세이돈
바다의 신
제우스
신들의 왕
헤라
신들의 여왕, 제우스의 아내
헤스티아
난로 · 불의 여신
데메테르
대지의 여신
아테나
지혜 · 전쟁의 여신
제우스 + 메티스
아폴론
의술 · 음악의 신
제우스 + 레토
아르테미스
사냥 · 순결의 여신
아스클레피오스
의술의 신
아레스
전쟁의 신
제우스 + 헤라
헤파이스토스
대장간의 신
제우스 + 디오네
아프로디테
헤파이스토스의 아내, 미의 여신
에로스
사랑의 신
헤르메스
신들의 전령, 상업의 신
제우스 + 마이아
디오니소스
술의 신
제우스 + 세멜레
페르세포네
하데스의 아내
지하 세계의 여왕
제우스 + 데메테르

그리스 로마 신화 주요 인물의 이름

그리스 어	로마 어	영어
가이아	텔루스	
니케	빅토리아	나이키, 빅토리
데메테르	케레스	세레스
디오니소스	바쿠스	바커스
레아	키벨레	시벨레
아레스	마르스	마스
아르테미스	디아나	다이애나
아테나	아테네, 미네르바	
아폴론	아폴로	아폴로
아프로디테	베누스	비너스
에로스	쿠피드, 아모르	큐피드
오디세우스	울릭세스	율리시스
우라노스	카일루스	유러너스
제우스	유피테르	주피터
크로노스	사투르누스	새턴
페르세포네	프로세르피나	
포세이돈	넵투누스	넵튠
하데스	플루톤	플루토
헤라	유노	주노
헤라클레스	헤르쿨레스	허큘리스
헤르메스	메르쿠리우스	머큐리
헤스티아	베스타	
헤파이스토스	불카누스	벌컨

그리스 로마 신화 올림포스 가디언 36

땅을 돌보지 않는 데메테르

펴낸이 양원석
펴낸곳 (주)알에이치코리아
등록 2004년 1월 15일 제2-3726호
주소 서울특별시 금천구 가산디지털2로 53, 20층 (한라시그마밸리)
문의전화 02)6443-8800

ISBN 978-89-255-4412-0(74800)
ISBN 978-89-255-4354-3(세트)

값 **12,800원**

원작 만화로 보는 그리스 로마 신화(가나출판사)
이광진 엮음, 홍은영 그림
명화 구입처 유로크레온(주)